家の光協会

野菜がおいしい 作りやすい
ヴィーガンごはん

今井ようこ

はじめに

かれこれ15年以上、ヴィーガンの料理教室を主宰しています。
生徒さんはいろいろ。ヴィーガンでない人もたくさんいます。
私も実は厳密なヴィーガン主義者ではありません。
魚や肉、卵や乳製品を食べることもあります。

もともとは、マクロビオティックを実践するなかで、
これってヴィーガンかも？　と感じたのがはじまり。
仕事が忙しいとき、疲れがたまっているとき、元気がないときは
肉！ではなく、体に負担が少ないヴィーガンを選ぶことのほうが自然に感じたのです。

生徒さんたちも、体調を整えたかったり、お子さんのアレルギーがあったりして、
植物性100％の料理を学びたい、という理由で来てくれる方が少なくありません。
そして、出来上がった料理を試食して、
「体がすっきり、軽くなった」「野菜料理なのにこんなに満足感があるなんて」
といった感想をよくいただきます。

植物性のものは胃にやさしく、疲れた体にもすっと入ってきて、
穏やかに体の疲れを回復してくれます。
動物性食品の入らない物足りなさは、ナッツや柑橘類、ハーブ、スパイスを使うなどの
工夫で、コクやうまみがたっぷりの食べ応えのある味に仕上げています。

本書では、料理教室で人気のレシピをはじめ、季節の野菜を使った、
家庭で作りやすい、ヴィーガンレシピを紹介しています。

軽やかなのに満足感があっておいしいレシピを実感することで、
まずはゆるりとヴィーガンごはんをはじめてみてください。
今週は普通に食べて、来週はヴィーガンに。ちょっと疲れたからヴィーガンに。

みなさんの生活がこのヴィーガンごはんで健やかに、そして豊かになることを願って。

今井ようこ

ヴィーガンごはんとは

ヴィーガンとは、動物性食品を一切食べない完全菜食主義のこと。
ベジタリアンと重なる部分も多いですが、
卵や乳製品を食べることもあるベジタリアンに対して、
ヴィーガンは肉、魚、卵、乳製品、はちみつのほか、加工過程で
動物性のものを使う食品も口にしません。

本書では、ヴィーガンに加え、
マクロビオティックの考え方をプラスしたレシピを紹介しています。

一番の特長は、旬の野菜を丸ごといただく点です。
マクロビオティックの基本は「身土不二」「一物全体」「陰陽調和」の３つ。

「身土不二」とは、その土地でその季節にとれるものこそが、
そのときの体にぴったりなもの、という意味。
そして、食べ物は全体で調和がとれているため、
葉や皮なども丸ごといただくべきというのが「一物全体」です。
最後に、陰陽とは、温と冷など相反する２つを指し、
「陰陽調和」とはどちらかに傾くことなく調和がとれている状態。

つまり、その土地でとれた旬の食材を丸ごと使い、
食材の組み合わせや調理法で陰陽のバランスをとったのが、
本書のヴィーガンごはんのベースです。

そこに、コクや香りを出す食材（P.6）や、ちょっとした調理のコツ（P.8）をプラスして、
植物性のものだけでもおいしく満足感が得られるレシピに仕上げました。

野菜がおいしい 作りやすい
ヴィーガンごはん

目次

料理教室で
人気の
とっておき
ヴィーガン
ごはん

はじめに ————————————— 2
ヴィーガンごはんとは ————————————— 3
食材について ————————————— 6
おいしく作る調理のコツ ————————————— 8

グリーン野菜のオイル蒸し ————————————— 10
ピンク豆乳マヨネーズ ————————————— 10
季節野菜のオイル蒸し ————————————— 11
豆乳マヨネーズ ————————————— 11
柑橘と紫玉ねぎ、クレソンのサラダ ————————————— 14
蒸しなすとトマトのハーブマリネ ————————————— 15
アスパラガスのレモン春巻き ————————————— 18
アボカドととうもろこしのコロッケ ————————————— 19
かぼちゃとにんじんのノンオイルポタージュ ————————————— 22
キャベツと豆とカリカリバゲットのスープ ————————————— 23
ブロッコリーのグラタン ————————————— 26
いろいろきのこのドリア ————————————— 27
豆乳ベシャメルソース ————————————— 28
トマトレモンソースパスタ ————————————— 30
赤いごはん ————————————— 31

春

セロリのワンタン ピリ辛くるみだれ ————————————— 36
じゃがいもとヤングコーンのかき揚げ ————————————— 38
車麸とにんじんのかき揚げ ————————————— 38
菜の花とピスタチオのチヂミ ————————————— 40
じゃがいもとグリンピースのポタージュ ————————————— 42
紫キャベツとケールのレモンマスタードマリネ ————————————— 45
にんじんとキヌアのサラダ ————————————— 45
じゃがいもとディルのサラダ ————————————— 45
ラディッシュソテーとキウイのミントマリネ ————————————— 45
にんじんとレンズ豆の炊き込みごはん ————————————— 48

夏

枝豆とオクラ、厚揚げのごま酢焼き ————————————— 50
みょうがのフリット ————————————— 52
ゴーヤのクミンフリット ————————————— 52
レンズ豆とトマトのカレースープ ————————————— 54
パプリカと桃のジンジャーマリネ ————————————— 56
マンゴーと香菜のピーナッツサラダ ————————————— 56
とうもろこしときゅうりのヨーグルトミントあえ ————————————— 57
ズッキーニとアボカドのチャイニーズマリネ ————————————— 57
青じそとナッツペーストのショートパスタ ————————————— 60
おそばとズッキーニのピーナッツみそあえ ————————————— 61
ピーマンとわかめのおにぎり ————————————— 62

れんこんと豆腐の蒸し団子 ──── 64
長いもとひじきの落とし焼き ──── 66
なすときのこのバジルみそ炒め ──── 68
里いもとごぼうのオーブン焼き　和風バルサミコソース ── 69
いろいろきのこの豆乳ポタージュ ──── 70
栗とにんじんのグリル ──── 72
さつまいものハーブパン粉焼き ──── 72
ぶどうとルッコラのハーブサラダ ──── 74
いちじくとベビーリーフのサラダ ──── 75
マッシュルームとカシューナッツクリームのパスタ ──── 76
栗と舞茸の中華風おこわ ──── 78

白菜と油揚げのゆずみそ重ね蒸し ──── 80
長ねぎのとろとろ焼きとミガス ──── 82
春菊のフラムクーヘン ──── 84
ねぎのフラムクーヘン ──── 84
カリフラワーとマッシュルーム、ディルの豆乳スープ ── 86
大根といちごのマリネ ──── 88
ビーツとスパイシーひよこ豆のサラダ ──── 89
かぶと黒ごまのリゾット ──── 90
小松菜とケール、りんごのサラダ ──── 90
切り干し大根入り玄米がゆ ──── 92
ごぼうとブロッコリーの粕白あえ ──── 92

コラム

ヴィーガンの代表的料理
ひよこ豆のペースト・フムス ──── 34

発酵なしで作れる
クイックヴィーガンブレッド ──── 94

| この本のお約束 |

・計量単位は 1 カップ＝200㎖、大さじ 1 ＝15㎖、小さじ 1 ＝ 5 ㎖です。
・オーブンの焼き時間は目安です。様子をみて、加減してください。
・塩は精製されていないものを使っています。
・オリーブオイルは、基本的にサラダやマリネ、仕上げなど火を通さないものには
　エクストラバージンオリーブオイル、火を通すものにはピュアオリーブオイルを使用しています。
・豆乳は無調整豆乳を使っています。
・レモンは国産のものを使っています。
・ナッツ類は無塩のものを使っています。
・食材を洗う、皮をむく、へたや種を取るなど基本的な下準備は、レシピから省いています。
　表記がないものに関しては適宜行ってください。

食材について

料理にコクやうまみ、食感、香りを与えてくれて、タンパク質やミネラルといった栄養豊かな、ヴィーガン料理に欠かせない食材を紹介します。

油

炒め物や焼き物にピュアオリーブオイルや太白ごま油、サラダやマリネ、たれには香り高いエクストラバージンオリーブオイルかごま油、そして揚げ物のほかオールマイティーに使える米油をそろえておけば、どんなレシピにも対応できます。

甘味料

おもにメープルシロップ、アガベシロップ、甘酒を使います。なかでもコク出しになるメープルシロップは、料理に使っても意外にクセがありません。アガベシロップはプレーンな甘みがほしいときに。みそやしょうゆと合わせるときは、同じ発酵食品で相性のよい甘酒を。

酒、ワイン

ほんの少しでも加えると味わいに奥行きが出ます。料理酒は1本常備しておくとよいでしょう。ワインは飲み残しのものでもOK。また、レシピではワインとなっていても、料理酒しかなければ、料理酒でもかまいません。

米粉

小麦粉よりも軽やかでもちもち感が特長。とくにとろみづけにおすすめです。揚げ物の衣に使うとカリカリに揚がります。グルテンフリーにしたい場合は、小麦粉の代わりに使っても大丈夫です。

スパイス

味に変化をもたらしてくれます。とくにコリアンダーやクミンは、パンチのある味わいになるので、あると便利です。ホールでなくても、使いやすいパウダータイプで十分です。カレー粉も手軽で重宝します。

ハーブ

サラダやマリネなど軽やかな料理にはスパイスよりハーブが向いていますが、煮物にフレッシュハーブを使うことも。そのときは、茎ごと使って香りをしっかり楽しみましょう。

柑橘類

実だけでなく、本書では酸味に果汁、香りに皮をよく使っています。味わいをよくするのはもちろんですが、陰陽の観点からも欠かせない食材といえます。たとえば煮込みや揚げ物といった火をたくさん入れた陽の料理に柑橘の陰を加えるとバランスが整います。

ナッツ

ライトになりがちなヴィーガン料理のコク出しに欠かせないのがナッツ。風味と歯応えで満足感が得られるだけでなく、ペーストにすれば、プレーンな味わいのカシューナッツはクリームソース風に、かぼちゃの種はチーズ風の味になったりと、使い方もさまざま。無塩のものを使います。

きのこ

煮込みに入れればよいだしが出て、蒸せば水分になり、シャキシャキとした歯応えも楽しめます。食物繊維などの栄養もたっぷり。一年中出回っていますが、旬の秋にたっぷりと食べたい食材です。

大豆加工品

ヴィーガン料理では貴重なタンパク源となり、主菜の食材としても欠かせません。厚揚げや油揚げは、油分がコク出しとしても重宝で、食べ応えのある味にしてくれます。牛乳代わりに使える豆乳は、よけいなものが入っていない成分無調整のものを選んでください。

海藻

栄養バランス的に、野菜や豆と並んで毎日とりたいのが海藻です。乾燥タイプは手軽に使えますが、食感がほしいときは塩蔵タイプや生のものを使ってもよいでしょう。

おいしく作る調理のコツ

食材のうまみを引き出したり、閉じ込めたり、食感を出したり、彩りよく仕上げたり……。ちょっとしたことで、味わいがアップします。

ウオーターソテー

油を控えたいけれど、玉ねぎのうまみをしっかり出したいときに使います。少量の水で炒めるように火を通すことで、雑味がとんで、甘みが凝縮されます。

お湯かけ

青菜は、ほんの一瞬でもゆでてしまうと思った以上に火が入ります。食感を残して彩りよく仕上げたいときは、ざるにのせて熱湯をさっとかけるだけでOK。

オイル蒸し

オイルをまとわせて蒸すことで彩り鮮やかに、そしてつややかに蒸し上がります。食材がオイルでコーティングされることでうまみを逃がしません。

焼き色をつける

あえて焦げ目をつけることで、カリッとした食感が出ます。食事には視覚的な要素も大切ですが、こんがりとした焼き色は見た目にも食欲をそそります。

酢に漬ける

酢漬けにしておくことで、そのまま使うよりも、味に変化が出て、うまみもプラスされます。保存ができ、調味料的にも使えるとあって、何かと重宝します。

せいろ蒸し

ステンレスの鍋でもおいしくできますが、せいろの利点は、蒸気をほどよく逃がして水分をうまく循環させてくれること。いいあんばいに蒸し上がります。

オーブン焼き

入れっぱなしでOKという手間いらずがうれしい。乾燥しやすいので、野菜や豆にオイルをからめて焼くと、カリッとパリッとなって食感がアップします。

ハンドブレンダーで攪拌する

食材を丸ごといただけるのがいいところ。ポタージュならなめらかな舌触りに。好みで食感を残したいときは、攪拌の度合いを調整してみて。

料理教室で人気のとっておきヴィーガンごはん

私のヴィーガン料理教室「roof」で人気のお料理を紹介します。ヴィーガンの人はもちろん、ヴィーガンでない人にも喜ばれるものばかり。
スーパーで買える食材を使い、手軽に作れるものを選びました。
おもてなしにもぴったりな、彩り鮮やかな見た目は食欲をそそり、食べ応えもたっぷり。何度でも食べたくなると好評です。

ピンク豆乳マヨネーズ

グリーン野菜のオイル蒸し

野菜とオイルを鍋に入れて蒸すだけ。味つけは塩のみ。
シンプルだけれど、野菜のうまみを最大限に引き出す調理法です。
根菜は皮つきで蒸しましょう。にんにくやハーブを加えると、バランスよく仕上がります。
豆乳で作る、軽やかな味わいのヴィーガンマヨネーズを添えれば、立派なごちそうに。
紫玉ねぎの甘酢漬けを加えたピンク色のマヨネーズは見た目も華やか、
甘酸っぱい味も野菜によく合います。

豆乳マヨネーズ

季節野菜のオイル蒸し

作り方 P.12・13

グリーン野菜のオイル蒸し

材料（2〜3人分）

ズッキーニ — 1/2本（80g）
グリーンアスパラガス — 2本
さやいんげん — 4本
スティックセニョール — 4本
ミニ青梗菜 — 1株
スティックカリフラワー — 2〜3本
スナップえんどう — 4本
オリーブオイル — 大さじ2
塩 — 適量

作り方

1. ズッキーニは縦4等分、グリーンアスパラガスとさやいんげん、スティックセニョールは5〜6cm長さに切る。ミニ青梗菜は縦半分に切り、スティックカリフラワーは食べやすいよう小房に分け、スナップえんどうは筋を取る。
2. 鍋にミニ青梗菜とスティックカリフラワー以外の野菜を入れ、オリーブオイルをまわしかけ、軽く塩をふる。ふたをして中火にかける。
3. ジュワジュワと音がしてきたら、水1/4カップを入れ、弱火にして3〜4分蒸し煮にする。
4. ミニ青梗菜とスティックカリフラワーを入れて軽く塩をふり、ふたたび2〜3分蒸し煮にする。野菜に火が通っていなければ適宜加熱時間を追加し、水分が残っていたらふたを取って水分をとばす。

豆乳マヨネーズ

材料（作りやすい分量）

米油 — 130g
米酢 — 25mℓ
豆乳 — 90mℓ
てんさい糖 — 15g
塩 — 5g

＊冷蔵で約2週間保存可能。

作り方

材料をすべて容器に入れ、ハンドブレンダーで乳化するまでよく混ぜ合わせる。

季節野菜のオイル蒸し

材料（2〜3人分）

- れんこん — 150g
- さつまいも — 1/2本（125g）
- にんじん — 1/2本（100g）
- ブロッコリー — 1/2個（100g）
- エリンギ — 100g
- にんにく — 2かけ
- オリーブオイル — 大さじ3
- 塩 — 小さじ1/2
- ローズマリー — 1〜2枝

作り方

1. 野菜（皮ごと）とエリンギは食べやすい一口大に切る。にんにくは半分に切る。
2. 鍋にオリーブオイルとにんにくを入れて弱火にかけ、香りが立ったらブロッコリー以外の野菜とエリンギを入れてオイルを全体にからめる。塩の2/3量をふり、ローズマリーを入れ、ふたをして中火にする。
3. ジュワジュワと音がしてきたら、水1/4カップを加え、強めの弱火で蒸し煮にする。途中で水分がなくなって焦げそうになったら水を少し足す。
4. 野菜が8割くらいやわらかくなったらブロッコリーを入れ、残りの塩をふり、ふたをして、全体に火が通るまで蒸し焼きにする。

ピンク豆乳マヨネーズ

材料（作りやすい分量）

- 豆乳マヨネーズ — 適量
- 紫玉ねぎの甘酢漬け — 適量
  - 紫玉ねぎ — 1個（200g）
  - A
    - りんご酢 — 1/2カップ
    - メープルシロップ — 1/4カップ
    - 塩 — 小さじ1/2
    - クローブ — 1粒
    - 粒黒こしょう — 5〜6粒

作り方

1. 紫玉ねぎは薄切りにし、さっとゆでる。
2. 鍋にAを入れて中火にかけ、ひと煮立ちさせる。
3. 保存容器に2を入れ、1を漬ける。
4. ボウルに豆乳マヨネーズを入れ、刻んだ紫玉ねぎの酢漬けを好みの量加えて混ぜる。

柑橘と紫玉ねぎ、クレソンのサラダ——作り方 P.16

蒸しなすとトマトのハーブマリネ──作り方 P.17

柑橘と紫玉ねぎ、クレソンのサラダ

宝石箱のような、美しい色合いが魅力のサラダ。
柑橘は1種類でもいいですが、2種類以上使うと
見た目だけでなく、味も香りもグレードアップします。
柑橘と相性のよいカルダモンが隠し味。

材料（2～3人分）

オレンジ ― 1個
グレープフルーツ、ピンクグレープフルーツ ― 各1/2個
紫玉ねぎ ― 1/4個（50g）
クレソン ― 2束
A
　りんご酢＋柑橘の果汁（あれば）― 大さじ2
　塩 ― 小さじ1/4
　アガベシロップ ― 大さじ1/2
　オリーブオイル ― 大さじ2
　カルダモンパウダー（あれば）― ふたつまみ

作り方

1 柑橘は房取りする（下記参照）。出た果汁は取っておく。

2 紫玉ねぎは粗みじん切りにし、水に10分ほどさらして水けをきる。

3 ボウルにAを入れて混ぜ合わせ、2を加えて混ぜる。

4 別のボウルに1とクレソンをちぎって入れ、軽く塩（分量外）をふって、やさしく混ぜる。

5 器に盛り、3をかける。

柑橘の房取りのしかた

a 柑橘の上下の部分を切り落とす。
b 果実の曲線に沿って、なるべく果肉を切り取らないように皮をむく。
c 房の境目から真ん中に向かって包丁を入れる。
d 薄皮をすべらすようにして、果肉を取り出す。
　＊薄皮の薄いものなら皮をむいてくし形に切ってもOK。

蒸しなすとトマトのハーブマリネ

なすは焼いたり揚げたりしてもおいしいですが、
蒸してもさっぱりとヘルシーに楽しめます。
蒸し上がったらすぐにドレッシングに漬けると
きれいな色に仕上がります。

材料（2～3人分）

なす ― 2本（250g）
トマト ― 1個（200g）
好みのハーブ（オレガノ、ミント、タイムなど）
　― 適量
A
- 赤ワインビネガー ― 大さじ2
- メープルシロップ ― 大さじ1
- 薄口しょうゆ ― 小さじ1/4
- 塩 ― 小さじ1/2
- オレガノパウダー ― ふたつまみ
- オリーブオイル ― 大さじ2

作り方

1. なすは縦4等分に切り、長さを半分に切る。蒸気の上がったせいろで3～4分蒸す。
2. トマトは縦6～8等分に切る。
3. ボウルにAを入れて混ぜ合わせる。
4. 3に1と2を加えて混ぜ合わせ、20～30分おいてなじませ、なすが冷めたら最後にハーブをちぎって加えて混ぜる。

蒸すことでふっくら、やわらかな仕上がりに。せいろがなければ、普通の蒸し器でもかまいません。

ハーブはフレッシュなものを使い、最後に加えて香りを生かします。しっかり冷やして食べるとおいしいです。

アスパラガスのレモン春巻き——作り方 P.20

アボカドととうもろこしのコロッケ──作り方 P.21

アスパラガスのレモン春巻き

1本丸ごと大胆にライスペーパーで巻いて、ガブリといただきましょう。揚げたてはパリッと、時間がたつともちっとした食感が楽しめます。味の決め手はレモン。お好きな方はたっぷりどうぞ。

材料（6本分）

グリーンアスパラガス ― 6本
レモンの皮 ― 1個分
ライスペーパー ― 6枚
塩、揚げ油（米油） ― 各適量

作り方

1 アスパラガスは根元を切って、揚げる鍋に入る長さにする。

2 ライスペーパーを軽くぬらし、アスパラガスをのせて軽く塩をふり、レモンの皮のすりおろし適量をふって巻く（下記参照）。

3 鍋に揚げ油を入れて170度に熱し、約2分揚げる。

4 皿に盛って、残りのレモンの皮のすりおろしをふる。

ライスペーパーの巻き方

a アスパラガスをライスペーパーの中央に横にして置く。そのとき、穂先はライスペーパーから出す。ライスペーパーはすぐにやわらかくなるので、軽くぬらす程度でOK。手前のライスペーパーをアスパラガスにかぶせるようにして折りたたむ。

b ライスペーパーをアスパラガスに密着させながら根元側を折りたたみ、くるくると最後まで巻く。

c ライスペーパーはくっつきやすいので、揚げるまでアスパラガス同士を離して置いておく。

a

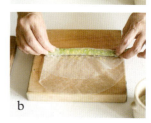
b

c

アボカドととうもろこしのコロッケ

切るとアツアツとろりとしたアボカドが現れます。
上手に作るポイントは小さめにまとめること。
春巻きの具にしてもおいしいです。
ペッパーソースやサルサソースがよく合います。

材料（6個分）

アボカド — 大1個
とうもろこし（生もしくは水煮缶）— 30g
玉ねぎ — 1/4個（50g）
塩 — 小さじ1/4
しょうゆ — 小さじ1
薄力粉 — 適量
溶き衣
　薄力粉 — 大さじ5
　水 — 大さじ6〜7
パン粉、揚げ油（米油）、ベビーリーフ — 各適量

作り方

1. 玉ねぎは1cm角に切る。
2. とうもろこしは、オリーブオイル少々（材料外）で炒め、分量の塩としょうゆから少し加えて下味をつける。
3. アボカドは皮をむいて種を取り、ボウルに入れてフォークで粗くつぶす。1と2、塩としょうゆの残りを加えて混ぜ合わせる。
4. バットなどに薄力粉を広げ、3を6等分して、スプーンなどですくって薄力粉の上に落とし、全体にまぶす。次に混ぜ合わせた溶き衣、パン粉の順につけて形を丸く整える。
5. 鍋に揚げ油を入れて180度に熱し、色よく揚げる。
6. 器に盛り、ベビーリーフを添える。

アボカドはとうもろこしを加えて混ぜるときも、ペースト状にならないように。なめらかにしすぎると、衣をつけるときにまとまりづらくなります。

最初はやわらかくまとまりにくいですが、少しおいておくとまとまってくるので、揚げる前に形を整えるとよいでしょう。

かぼちゃとにんじんのノンオイルポタージュ ── 作り方 P.24

キャベツと豆とカリカリバゲットのスープ —— 作り方 P.25

かぼちゃとにんじんのノンオイルポタージュ

油を使わない、軽い食感のポタージュ。
ダイエットにはもちろん、たっぷりのカロテンで、
美肌づくりにも役立つ一品です。
脂っこい料理のお供にもおすすめ。

材料（2〜3人分）

かぼちゃ — 200g
にんじん — 70g
玉ねぎ — 50g
豆乳 — 1/4カップ
塩 — 小さじ1/2
にんじんの葉（あれば）— 適量

作り方

1　かぼちゃは3cm角に切り、にんじんと玉ねぎは薄切りにする。

2　鍋に鍋底が隠れる程度の水を入れて沸かし、玉ねぎを加えて弱火で炒めるようにして火を通す。玉ねぎの甘い香りが立ってきたら、にんじん、かぼちゃ、水1と1/2カップを加えてひと煮立ちさせ、弱火にして、にんじんとかぼちゃがやわらかくなるまで15〜20分煮る。

3　火を止めて、鍋の中でハンドブレンダーで攪拌し、豆乳を加えて混ぜ、塩で味を調える。軽く温めて器に盛り、にんじんの葉をのせる。

にんじんは皮ごと使い、かぼちゃは皮のかたいところだけを取ります。

少量の水でクツクツさせて炒め、玉ねぎの辛みをとばします。

さらりとしたポタージュにしたいときは豆乳を多めに。

キャベツと豆とカリカリバゲットのスープ

キャベツたっぷり、豆のタンパク質もとれる
栄養バランスのよいスープです。
バゲットが入ることで満足感が得られます。
仕上げのオリーブオイルが、おいしさの秘訣。

材料（2人分）

キャベツ — 150g
ひよこ豆（乾燥、たっぷりの水に一晩つける）
　— 1/4カップ（水煮なら100g）
玉ねぎ — 1/4個（50g）
セロリ — 50g
にんにく — 1かけ
オリーブオイル — 適量
ローリエ — 1枚
塩 — 適量
ミニトマト — 5個
バゲット — 約5cm分（20g）

作り方

1. キャベツは一口大のざく切り、玉ねぎとセロリ（葉と茎）は1cm厚さに切り、にんにくは半分に切る。
2. 鍋にオリーブオイル少々とにんにくを入れて弱火にかけ、にんにくの香りが立ったら、玉ねぎ、セロリの順に加えて中火で炒める。野菜が透き通ってきたらひよこ豆と水2と1/2カップ、ローリエを入れて火を少し強め、ふたをしてひと煮立ちしたら、弱火にする。豆がやわらかくなるまで30～40分煮る。
3. キャベツとひたひたの水を加え、キャベツがやわらかくなるまで煮て、塩で味を調える。
4. ミニトマトは半分に切り、耐熱皿に切り口を上にして置き、塩少々をふって、オリーブオイル適量をまわしかける。160度のオーブンで約10分焼く。
5. バゲットを一口大にちぎり、オーブンでこんがりと焼くかフライパンで炒める。
6. 器に3を盛り、トマトとバゲットをのせ、オリーブオイル適量をかける。

野菜からたっぷりうまみが出るので、だしは不要。水だけでOK。

オーブンで乾燥させながら焼くことで水分が抜け、うまみが凝縮されます。

バゲットは大きめにカットすると食感がよく、満足感もアップ。

ブロッコリーのグラタン ── 作り方 P.28

いろいろきのこのドリア —— 作り方 P.29

ブロッコリーのグラタン

たっぷりのベシャメルソースを使っても、罪悪感ゼロ。
チーズの代わりに、ナッツとオイルを合わせたパン粉を使います。
ブロッコリーとマカロニだけのシンプルなグラタンですが、
いろいろな食感が楽しめます。

材料（2人分）

ブロッコリー ― 1/2個（100g）
マカロニ ― 100g
豆乳ベシャメルソース（下記参照）― 400g
塩、こしょう ― 各少々
かぼちゃの種 ― 15g
くるみ ― 15g
A ┌ 塩 ― 小さじ1/4
　├ パン粉 ― 大さじ3
　└ オリーブオイル ― 小さじ1と1/2
オリーブオイル ― 小さじ2

作り方

1　ブロッコリーは小房に分け、蒸すかゆでる。マカロニは表示時間どおりにゆでる。

2　ボウルに豆乳ベシャメルソースを入れ、ブロッコリーを加えて軽くつぶしながら混ぜ、塩とこしょうで味を調える。

3　かぼちゃの種とくるみをすり鉢ですり、Aを加えて混ぜ合わせる。

4　耐熱皿にオリーブオイルを塗り、マカロニ、2、3の順に重ねる。

5　180度のオーブンで焼き目がつくまで焼く。

ブロッコリーはつぶしながら混ぜると、ソースとなじみやすくなります。

ナッツ入りのパン粉がチーズのような風味を生みます。

豆乳ベシャメルソース

作り置きしたい！ グルテンフリーの軽やかなソース。

材料（出来上がり400g分）

豆乳 ― 360ml
玉ねぎ ― 1/2個（100g）
オリーブオイル ― 少々
米粉 ― 30g
塩 ― 小さじ1/2
こしょう、ナツメグ ― 各少々

＊冷蔵で3〜4日、冷凍で約2週間保存可能。

1

2

3

いろいろきのこのドリア

数種類のきのこを使うことで、うまみが濃くなりおいしく仕上がります。ごはんとソースの間にはトマトを挟み、飽きない味わいに。オーブンでしっかり焼き目をつけて、アツアツをどうぞ。

厚めにスライスしたトマトがポイント。重くなりがちなドリアにさっぱり感をプラスします。

材料（2人分）

好みのきのこ（マッシュルーム、エリンギ、しめじなど） — 合わせて150g
トマト — 1個（200g）
オリーブオイル — 大さじ1＋小さじ2
塩、こしょう — 各少々
豆乳ベシャメルソース（下記参照） — 400g
ごはん — 1合分
パセリ（みじん切り） — 適量

作り方

1 きのこは食べやすい大きさに切るかほぐし、トマトは1cm厚さの輪切りにする。

2 オリーブオイル大さじ1を熱したフライパンできのこを中火で炒め、塩、こしょうで味を調える。

3 ボウルに豆乳ベシャメルソースと2を入れて混ぜ合わせる。

4 耐熱皿にオリーブオイル小さじ2を塗り、ごはん、トマト、3の順に重ねる。

5 180度のオーブンで焼き目がつくまで焼き、パセリを散らす。

作り方

1 玉ねぎは薄切りにし、オリーブオイルを熱した鍋で中火で炒める。

2 玉ねぎが透き通ってきたらいったん火を止め、米粉を一気に加えて全体にからめるように混ぜる。

3 火は止めたまま、豆乳を少しずつ加え、なじませるように混ぜる。

4 再び中火にかけ、混ぜながらとろみがついてきたら弱火にし、クックッしている状態で2～3分加熱する。塩、こしょう、ナツメグで味を調える。

5 容器に入れ、表面が乾かないようラップをぴったりとかけて冷ます。

トマトレモンソースパスタ — 作り方 P.32

赤いごはん ── 作り方 P.33

トマトレモンソースパスタ

シンプルなトマトソースには、味がよくからむ太めのパスタやペンネがおすすめです。メープルシロップの香ばしい甘みが味の決め手。レモンの酸味で最後までおいしく食べられます。

> 材料（2人分）

トマト — 小2個（300g）
レモン汁 — 大さじ1
レモンの皮（すりおろす）— 2個分
パスタ — 160g
玉ねぎ — 90g
にんにく — 1かけ
オリーブオイル — 大さじ3
メープルシロップ — 大さじ1弱
塩 — 小さじ3/4

> 作り方

1 トマトはざく切り、玉ねぎは粗みじん切り、にんにくはみじん切りにする。

2 鍋にオリーブオイルとにんにくを入れて弱火にかけ、香りが立ったら玉ねぎを入れてよく炒める。

3 2にトマトを加えて炒め、メープルシロップ、塩、レモン汁を入れて煮詰める。とろみが出たら、レモンの皮のすりおろしを入れる。

4 パスタを表示時間どおりにゆで、3に加えてからめ、器に盛る。レモン皮のすりおろし（分量外）をふりかける。

メープルシロップを使うと砂糖では出せないコクが出ます。

レモンは果汁と皮の両方を使用。酸味と苦みでソースの味わいに幅が出ます。

赤いごはん

鍋のふたを開けると歓声があがる、かわいいごはん。
体を冷やすトマトとパプリカには、体を温める
しょうがを組み合わせ、バランスをとっています。
プチプチとしたクコの実の食感も楽しい。

陰性のトマトやパプリカには陽性のしょうがをたっぷり合わせて中庸に。

材料（作りやすい分量）

米 — 2合
パプリカ（赤）— 50g
トマト — 1/2個（100～120g）
クコの実 — 大さじ1
しょうが — 30g
酒 — 大さじ1
塩 — 小さじ1

作り方

1. 米は洗って鍋に入れ、同量の水を加えて30分おく。
2. パプリカは5mm角に、トマトは4等分のくし形に切り、しょうがはせん切りにする。
3. 1の水を大さじ1抜き、酒と塩を加えて混ぜる。パプリカ、トマト、しょうがをのせる。
4. ふたをして強火にかけ、沸騰したら弱火で12分炊く。クコの実を入れて5分蒸らし、よく混ぜ合わせる。

＊炊飯器の白米モードで炊飯してもOK。

クコの実は目の疲れにも効果的。ゴジベリーの名でスーパーフードとしても注目。

column 1

ヴィーガンの代表的料理 ひよこ豆のペースト・フムス

フムスは、おもに中東地域で食べられるひよこ豆をペーストにした家庭料理。イスラム教でのハラール食でもあります。
豆のコクやまろやかな甘みが感じられ、パンやクラッカーにつけたり、野菜のディップとしてもおいしくいただけます。

材料（作りやすい分量）

- ひよこ豆（乾燥）— 1/2カップ
- A［ オリーブオイル — 大さじ3〜4
　　 塩 — 小さじ1/2 ］
- 豆のゆで汁（または水）— 適量
- オリーブオイル、クラッカー — 各適量

作り方

1. ひよこ豆はかぶるくらいのたっぷりの水に一晩つけ、やわらかくゆでる。
2. 1とAを容器に入れ、ハンドブレンダーでなめらかになるまで撹拌する。
3. 塩、オリーブオイル（各分量外）、豆のゆで汁で好みのかたさと味に調える。
4. 器に盛り、オリーブオイルをたらし、クラッカーを添える。

＊好みのスパイスをかけてもおいしい。

春

植物が芽吹くこの季節。冬に縮こまってしまった私たちの体も、少しずつ目覚めていきます。冬の間にためこんでしまったいらないものは、苦みのある旬の野菜や豆でデトックスを。調理法も、さっとゆでたり、蒸したり、焼いたりと軽やかに。夏に向けて、体を開いていきましょう。

セロリのワンタン ピリ辛くるみだれ

セロリは葉も使うことで香りと色が楽しめます。
しょうがをたっぷり使い、さわやかに仕上げました。くるみの入った
コクのあるたれで、肉なしとは思えない、満足感のある味に。

材料（15個分）

セロリ — 50g
マッシュルーム — 2個
長ねぎ — 7cm（20g）
ワンタンの皮 — 15枚
A ┌ しょうが（みじん切り）
　│　　— 小さじ2
　│ 塩 — 小さじ1/4
　│ こしょう — 少々
　│ 片栗粉 — 小さじ2
　└ ごま油 — 小さじ2
たれ（作りやすい分量）
　│ くるみ — 10g
　│ しょうゆ、ごま油
　│　　— 各大さじ1
　│ 米酢 — 大さじ2
　│ かんずりまたは一味唐辛子など（好みで）
　│　　— 小さじ1/2

作り方

1　セロリは粗みじん切りに、マッシュルーム、長ねぎ
　　はみじん切りにする。

2　ボウルに1とAを入れて混ぜ合わせ、ワンタンの皮
　　に小さじ1ほどのせ、縁に水をつけ、三角形になる
　　よう半分に折ってとじる。

3　鍋に湯を沸かし、2を入れて3分ほどゆでる。

4　たれを作る。くるみはフライパンでいって粗く刻み、
　　ボウルに材料をすべて入れて混ぜ合わせ、ワンタン
　　に添える。

セロリは葉も少し加えると風味がよくなります。
マッシュルームのみじん切りが食感や味だけでな
く、見た目にもアクセントになります。

具が多すぎると包みにくいので注意を。ワンタン
同士がくっつかないようにゆでましょう。

車麩とにんじんのかき揚げ

じゃがいもとヤングコーンのかき揚げ

ほくほくっとした新じゃがと、ヤングコーンの食感にセージの香り。
だしの染みた車麩の弾力に、にんじんの甘み、三つ葉の風味。
どちらも相性ばつぐんの組み合わせです。
かき揚げは油にすべり込ませたら、箸で押さえつけるとまとまります。

じゃがいもとヤングコーンのかき揚げ

材料（2〜3人分）

じゃがいも — 2個（300g）
ヤングコーン — 3本
セージ — 6〜7枚
薄力粉、揚げ油（米油）— 各適量
塩 — 少々

作り方

1. じゃがいも（皮ごと）とヤングコーンは1.5cm角に切る。セージは食べやすい大きさにちぎる。
2. ボウルに1を入れ、薄力粉が全体にからまるようにまぶし、全体がまとまるくらいの水を加えて混ぜ合わせる。
3. 鍋に揚げ油を入れて170度に熱し、直径5cm程度の大きさにして入れ、色よく揚げる。食べるときに塩をふる。

車麩とにんじんのかき揚げ

材料（2〜3人分）

車麩 — 3枚
にんじん — 60g
三つ葉 — 1束（20g）
A ┌ だし汁（昆布としいたけでとったもの）— 1カップ
  │ しょうゆ — 大さじ1
  └ みりん、酒 — 各大さじ1/2
薄力粉 — 大さじ8
揚げ油（米油）— 適量

車麩はだし汁の中でもどすので簡単。フライにしてもおいしい。

作り方

1. 大きめの鍋にAを入れて混ぜ合わせ、車麩を浸す。やわらかくなったらそのまま弱火にかけ、汁けがなくなるまで5〜10分煮て、そのまま冷ます。粗熱が取れたら1.5cm角に切る。
2. にんじん（皮ごと）は2〜3mm幅のせん切りにする。三つ葉はざく切りにする。
3. ボウルに1と2を入れて混ぜ合わせ、軽く薄力粉（分量外）をまぶす。
4. 別のボウルに薄力粉と水約1/2カップを入れて混ぜ、衣を作る。ここに3を加えて衣をからませる。
5. 鍋に揚げ油を入れて170度に熱し、4を直径5cm程度の大きさにして入れ、色よく揚げる。

菜の花とピスタチオのチヂミ

菜の花は、その苦みにデトックス効果があり、
春にぜひとりたい食材のひとつ。
ピスタチオが食感と味のよいアクセントになります。
軽やかな味わいの米粉のチヂミです。

材料（1枚分）

菜の花 — 100g
ピスタチオ — 20g
A ┌ 米粉 — 50g
  │ 片栗粉 — 15g
  │ 塩 — 小さじ1/8
  └ 水 — 70㎖
米油または太白ごま油 — 適量
たれ（作りやすい分量）
  │ しょうゆ、米酢、ごま油
  │   — 各大さじ1
  │ かんずりまたは一味唐辛子など（好みで）
  │   — 適量

作り方

1　菜の花はゆでてざるに上げ、水けを絞って3〜4cm長さに切る。ピスタチオは粗く刻む。

2　ボウルにAを入れて混ぜ、1を加えて混ぜ合わせる。

3　フライパンに油を熱し、2を入れて広げる。弱めの中火で色づくまで焼き、裏返してフライ返しで押さえながら色づくまで焼く。

4　食べやすく切って、器に盛り、混ぜ合わせたたれを添える。

生地はかなりゆるめ。ピスタチオは好みのナッツで代用してもOKです。

フライ返しでしっかり押さえることでカリッと焼き上がります。

じゃがいもと
グリンピースのポタージュ

旬の野菜を使った、季節のパワーがたっぷり詰まったスープ。
フレッシュなグリンピースの味を存分に楽しめます。
じゃがいもが入ることでボリューム感がアップ。
ウォーターソテーした玉ねぎがうまみをプラスしてくれます。

[材料（2～3人分）]

じゃがいも — 大1個（200g）
グリンピース（さやからはずす）
　 — 正味100g
玉ねぎ — 100g
豆乳 — 1/4カップ
塩 — 小さじ1

[作り方]

1　じゃがいもと玉ねぎは薄切りにする。

2　鍋に鍋底が隠れるくらいの水を入れて沸かし、玉ねぎを加えて弱火で炒めるようにして火を通す。玉ねぎの甘い香りが立ってきたら、じゃがいもとグリンピース、水2カップを入れてひと煮立ちさせ、弱火でじゃがいもがやわらかくなるまで煮る。

3　火を止めて、鍋の中でハンドブレンダーで攪拌し、豆乳を入れて混ぜ、塩で味を調える。軽く温めて器に盛り、豆乳（分量外）をたらす。

＊好みでクミンパウダーをかけても。

グリンピースは冷凍や水煮も出回っているけれど、旬の季節はぜひさやつきの新鮮なものを。

旬の野菜を甘酸っぱい、軽やかな味つけでサラダやマリネにしました。
紫キャベツはゆでてレモン汁と合わせることで色鮮やかに。
春の甘いにんじんはスーパーフードのキヌアと組み合わせて。
ポテトサラダはマヨネーズではなく、豆乳ヨーグルトでさっぱりと。
ラディッシュはさっと焼いて、食感を残し香ばしく。
それぞれハーブやナッツ、果物を加えて
食感や風味をプラスしています。
見た目も鮮やかな、春色のごちそうをぜひ楽しんでください。

紫キャベツとケールの
レモンマスタードマリネ

じゃがいもと
ディルのサラダ

ラディッシュソテーと
キウイのミントマリネ

にんじんと
キヌアのサラダ

作り方 P.46-47

a 紫キャベツとケールのレモンマスタードマリネ

材料（2〜3人分）

紫キャベツ — 200g
ケール — 2枚
レモン汁 — 大さじ2
塩 — 適量
レモンの皮 — 1個分
A ┃ ディジョンマスタード、
　┃ メープルシロップ、
　┃ オリーブオイル
　┃ — 各小さじ2
オリーブオイル — 適量

作り方

1　紫キャベツはせん切りにして、さっとゆでる。ざるに上げて水けをきり、レモン汁と塩小さじ1/4をまぶす。レモンの皮は、半分はすりおろし、残り半分はせん切りにする。

2　ボウルにAを入れて混ぜ合わせ、1を加えて混ぜる。

3　ケールは食べやすい大きさにちぎってボウルに入れ、オリーブオイルと塩適量をからめる。140度のオーブンで、途中で何度か混ぜながら8〜10分、様子を見ながらパリッとするまで焼く。

4　2を器に盛り、3を散らす。

a　b

b にんじんとキヌアのサラダ

材料（2〜3人分）

にんじん — 小1本（150g）
キヌア（ゆでたもの）— 大さじ2
A ┃ 白ワインビネガー — 大さじ1
　┃ メープルシロップ — 大さじ1
　┃ 塩 — 小さじ1/4
　┃ オリーブオイル — 大さじ2
　┃ フェンネルパウダー
　┃ 　（あれば）— 少々
グリーンレーズン — 大さじ1強
アーモンドスライス（ロースト）
　— 適量

作り方

1　にんじんは、皮ごと粗めのチーズおろしですりおろすか、せん切りにし、塩（分量外）をまぶして軽くもむ。しばらくおいて水けが出ていれば絞る。

2　ボウルにAを入れて混ぜ合わせ、1、キヌア、グリーンレーズンを加えてあえる。

3　器に盛り、アーモンドスライスを散らす。

c じゃがいもとディルのサラダ

材料（2～3人分）

じゃがいも — 2個（300g）
ディル — 2～3枝
塩 — 小さじ1/4
豆乳ヨーグルト — 小さじ2
オリーブオイル — 小さじ1
ピスタチオ — 15g

作り方

1. じゃがいもは皮ごと蒸し器に入れ、竹串がすっと通るくらいやわらかく蒸す。
2. 1の半分は熱いうちに皮をむき、残り半分は皮つきのままで、合わせてボウルに入れ、フォークなどで粗くつぶし、塩をふって混ぜる。
3. 2の粗熱が取れたら、豆乳ヨーグルト、オリーブオイル、刻んだピスタチオを加えて混ぜ、ディルをちぎりながら入れて混ぜ合わせる。

c　d

d ラディッシュソテーとキウイのミントマリネ

材料（2～3人分）

ラディッシュ — 6個
キウイ（あまりかたくないもの） — 1個
ミント — 10～15枚
白ワインビネガー — 大さじ1
塩 — 小さじ1/8
オリーブオイル — 大さじ1
アガベシロップ — 大さじ1

作り方

1. ボウルに白ワインビネガーと塩を入れてよく混ぜ、オリーブオイル、アガベシロップも加えてよく混ぜる。
2. 1に一口大に切ったキウイを入れ、フォークなどで粗くつぶしながら混ぜ、ミントをちぎって加えて混ぜ合わせる。
3. ラディッシュは葉つきのまま縦半分に切り、オリーブオイル適量（分量外）を熱したフライパンに入れて、軽く焼き目がつく程度に焼く。
4. ラディッシュを器に盛り、2をかける。

にんじんとレンズ豆の炊き込みごはん

にんじんは皮つきのまま、ごろんと入れて炊き込んで。
デトックス効果のあるレンズ豆と、梅干しの酸味が春の体を整えます。

材料（作りやすい分量）

米 — 2合
にんじん
　— 小1本（100〜120g）
レンズ豆 — 大さじ1
A ┃ 梅干し（種ごと）— 2個
　 ┃ 酒 — 小さじ1
　 ┃ 昆布 — 2cm四方
白すりごま — 適量

作り方

1　米は洗って鍋に入れ、米と同量の水と洗ったレンズ豆を加えて1時間おく。

2　にんじんは皮をむかずに半分に切り、さらに長さを半分に切る。

3　1ににんじんとAを入れてふたをし、強火にかける。沸騰したら弱火で10分炊き、5分蒸らす。

4　昆布を取り出して細切りにして戻し、にんじんと梅干しをしゃもじでざっくりとほぐしながら全体を混ぜる。

5　器に盛って白すりごまをふる。

＊炊飯器の白米モードで炊飯してもOK。

夏

気温とともに上昇した気を、夏野菜でクールダウン。体を冷やす陰性の夏野菜は、体を温める陽性のしょうがなどを加えたり、手早く火を入れたりして、陰陽バランスを整えましょう。とくに、気もアクティブなこの時季は"揚げる"のもおすすめ。暑さで食欲がないときは、柑橘やハーブ、スパイスを。香りの力で元気が回復します。

枝豆とオクラ、厚揚げのごま酢焼き

ボリュームのある厚揚げは、ヴィーガンの定番の食材。
味つけには白ごまペーストと酢を使い、コクがありつつ、
さっぱりとした味わいに仕上げました。
おかずにはもちろん、おつまみにもぴったり。

材料（2人分）

枝豆（ゆでてさやからはずす） — 正味50g
オクラ — 6本
厚揚げ — 1枚
A
- 白ごまペースト — 大さじ1
- しょうゆ — 大さじ1/4
- 甘酒 — 大さじ1/2
- みりん — 大さじ1
- 酢 — 大さじ1/2
- 水 — 大さじ1

太白ごま油 — 適量

作り方

1 オクラはへたを取って縦半分に切る。ボウルにAの材料を入れて混ぜ合わせる。

2 フライパンを熱し、油をひかずに厚揚げを入れ、全面に焼き色がつくまで中火で焼く。

3 器に厚揚げを取り出し、同じフライパンでごま油を熱してオクラを両面焼き、枝豆を加え、混ぜ合わせたAをまわしかけて混ぜる。全体にからんだら、厚揚げの上にのせる。

野菜に調味料をしっかりからめて、濃厚な具だくさんソースに。

みょうがのフリット

ゴーヤのクミンフリット

米粉の軽い衣で、カリッとおいしい夏の揚げ物。
みょうがのフリットは揚げてから、食べる前に
粉山椒や赤じそふりかけをかけると香りが楽しめます。
クミンの香りは強いので、衣に混ぜ込んでOK。
衣はシャバシャバではなく少しとろみがある程度に水の量を調節します。
使用する米粉によって吸水量が異なるので注意を。

みょうがのフリット

材料（2人分）

みょうが ― 6個
A
| 米粉 ― 大さじ5
| 水 ― 大さじ3強
| 塩 ― 小さじ1/4
揚げ油（米油）― 適量
粉山椒または赤じそふりかけ
　（好みで）― 適量

作り方

1　みょうがは縦半分に切る。

2　ボウルにAを入れて混ぜ合わせる。

3　鍋に揚げ油を入れて180度に熱し、1に2をからめて表面がカリッとするまで揚げる。粉山椒または赤じそふりかけをかける。

ゴーヤのクミンフリット

材料（2人分）

ゴーヤ ― 1本（250g）
塩 ― 少々
A
| 米粉 ― 大さじ5
| 水 ― 大さじ3強
| 塩 ― 小さじ1/4
| クミンシード ― 小さじ1
揚げ油（米油）― 適量

作り方

1　ゴーヤは縦半分に切って種を取り、1cm厚さに切って軽く塩をふる。

2　ボウルにAを入れて混ぜ合わせる。

3　鍋に揚げ油を入れて180度に熱し、1に2をからめて表面がカリッとするまで揚げる。

レンズ豆とトマトのカレースープ

カレー粉とにんにくのいい香りが食欲をそそる
暑い季節におすすめのスープです。
レンズ豆はもどす手間がいらず、すぐ煮える、便利なお豆。
夏の栄養補給に活躍します。

| 材料（2人分） |

レンズ豆（乾燥）― 大さじ5
トマト ― 大1個（250g）
にんじん ― 30g
玉ねぎ ― 1/2個（100g）
にんにく ― 1/2かけ
オリーブオイル ― 小さじ2
白ワイン ― 大さじ2
ローリエ ― 1枚
カレー粉 ― 小さじ1/2
塩 ― 小さじ1/2
こしょう ― 少々
レモン（スライス）― 適量

| 作り方 |

1　トマトとにんじん（皮ごと）は1cm角に切り、玉ねぎは粗みじん切り、にんにくはみじん切りにする。

2　鍋にオリーブオイルとにんにくを入れて弱火にかけ、香りが立ったら玉ねぎを加えて炒め、透き通ってきたらにんじん、レンズ豆、白ワイン、ローリエを加える。

3　全体になじんだらカレー粉を入れてひと混ぜし、水1カップ、トマトを加え、レンズ豆がやわらかくなるまで煮る。塩、こしょうで味を調える。

4　器に盛って、レモンをのせる。

カレー粉はターメリック、クミン、コリアンダーなどのスパイスがミックスされているので便利。あっさりと食べたいときはカレー粉は入れず、シンプルな塩味で仕上げてもOK。

レモンを添えるとさっぱりおいしくいただけます。

暑さや冷房で弱った体をいたわる、
旬の野菜をマリネやサラダで。
季節のフルーツを組み合わせたり、
暑い国の料理にヒントを得たり、工夫をこらしたレシピです。
スパイスやハーブがよいアクセントになっています。

パプリカと桃のジンジャーマリネ

マンゴーと香菜のピーナッツサラダ

とうもろこしときゅうりの
ヨーグルトミントあえ

ズッキーニとアボカドの
チャイニーズマリネ

作り方 P.58・59

a パプリカと桃のジンジャーマリネ

材料（2〜3人分）

パプリカ（黄） — 1個
白桃 — 1個
A [白ワインビネガー — 大さじ1
　　レモン汁 — 大さじ1
　　メープルシロップ — 大さじ1
　　塩 — 小さじ1/2
　　しょうが（すりおろし） — 10g
　　オリーブオイル — 大さじ3]

作り方

1. パプリカは縦3cm幅に切り、蒸し器で竹串が通るまで蒸す。
2. ボウルにAを入れて混ぜ合わせる。
3. 2に1を加えて混ぜ、冷ます。
4. 白桃は2cm幅のくし形切りにし、3に加えて混ぜ合わせる。

a

b

b マンゴーと香菜のピーナッツサラダ

材料（2〜3人分）

マンゴー — 1個
香菜 — 1束（30g）
ピーナッツ — 大さじ1
A [ライム汁（またはレモン汁） — 大さじ1/2
　　アガベシロップ — 小さじ1/4
　　塩 — 小さじ1/4
　　オリーブオイル — 大さじ1/2
　　コリアンダーパウダー — 少々]

作り方

1. マンゴーは皮をむいて種を取り、食べやすい大きさに切る。香菜はざく切りにし、ピーナッツは粗く刻む。すべてをボウルに入れて軽く混ぜ合わせる。
2. 別のボウルにAを入れて混ぜ合わせ、1に加えてあえる。

c とうもろこしときゅうりのヨーグルトミントあえ

材料（2〜3人分）

- とうもろこし ― 1本（正味150〜180g）
- きゅうり ― 1本
- A
  - 豆乳ヨーグルト ― 大さじ3
  - オリーブオイル ― 大さじ1
  - 塩 ― 小さじ1/4
- ミント ― 15枚

作り方

1. とうもろこしの実をそぎ、蒸し器で約5分蒸す。
2. きゅうりは縦半分に切って種を取り、1cm厚さに切る。
3. ボウルにAを入れて混ぜ合わせ、ミントの葉をちぎって加えて混ぜ、1と2を加えてあえる。

c　d

d ズッキーニとアボカドのチャイニーズマリネ

材料（2〜3人分）

- ズッキーニ（緑・黄） ― 各大1/2本（合わせて200g）
- アボカド ― 1個
- A
  - ピーナッツバター（無糖） ― 大さじ1
  - メープルシロップ ― 大さじ1
  - ごま油 ― 大さじ1
  - 米酢 ― 大さじ1
  - レモン汁 ― 小さじ1
  - 塩 ― 小さじ1/4
  - 薄口しょうゆ ― 少々
- 粉山椒 ― 小さじ1/4
- 五香粉（ウーシャンフェン） ― 小さじ1/8

作り方

1. ズッキーニは3〜4cm長さに切り、さらに縦に3〜4等分にする。フライパンにごま油適量（分量外）を熱し、色よく焼く。
2. アボカドは2cm角に切る。
3. ボウルにAを入れて混ぜ合わせ、粉山椒と五香粉を加えてさらに混ぜる。
4. 3に1と2を加えてあえる。

＊ズッキーニは緑・黄どちらか1色を1本でもOK。

青じそとナッツペーストのショートパスタ

おいしさの秘訣はとにかくたっぷり青じそを使うこと。
パスタと一緒に夏野菜をからめてもおいしい。

材料（2人分）

青じそとナッツのペースト
（作りやすい分量）
- 青じそ —— 20枚
- くるみ —— 20g
- アーモンド —— 20g
- 白みそ —— 小さじ2
- 塩 —— 小さじ1/4
- 豆乳 —— 大さじ4
- オリーブオイル —— 大さじ2

ショートパスタ（ペンネ） —— 200g
青じそ（せん切り） —— 2枚

作り方

1　容器に青じそとナッツのペーストの材料を入れ、ハンドブレンダーでペースト状にする。

2　ショートパスタを表示時間どおりにゆでて、水けをきる。ボウルに入れ、1を大さじ4加えてあえる。

3　2を器に盛り、青じそをのせる。

＊残った青じそとナッツのペーストは保存容器に入れ、ラップをぴったり表面につけて、冷蔵で1〜2日保存可能。野菜につけて食べてもおいしい。

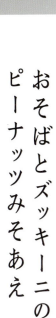

おそばとズッキーニのピーナッツみそあえ

甘酒を使った、夏バテ予防にもおすすめの一品。
香ばしく焼いた旬のズッキーニがおそばによく合います。

材料（2人分）

- そば（乾燥） — 200g
- ズッキーニ — 大1本（200g）
- ピーナッツ — 適量
- オリーブオイル — 適量
- 塩 — 少々
- 粉山椒、すだちの皮のすりおろし（好みで） — 各適量
- ピーナッツみそ（作りやすい分量）
  - ピーナッツバター（無糖） — 大さじ2
  - 甘酒 — 大さじ3
  - 水 — 大さじ2
  - しょうゆ — 大さじ1
  - 酢 — 小さじ1

作り方

1 ズッキーニは3mm厚さの輪切りにし、オリーブオイルを熱したフライパンで両面を色よく焼き、塩をふる。

2 ボウルにピーナッツみその材料を入れて混ぜ合わせる。

3 そばを表示時間どおりにゆでて冷水でしめ、水けをきる。

4 器に3を盛り、2を大さじ6かけ、1をのせて粗く刻んだピーナッツを散らす。粉山椒、すだちの皮のすりおろしをかける。

＊残ったピーナッツみそは保存容器に入れ、冷蔵で2〜3日保存可能。冷ややっこにのせて食べてもおいしい。

ピーマンとわかめのおにぎり

ピーマンはくたくたになるまでじっくり炒め、甘みを引き出します。
わかめを加えて、ミネラルもしっかり補給。

材料（作りやすい分量）

- ピーマン ― 4個
- わかめ（乾燥）― 大さじ1強
- 米油 ― 大さじ1
- 酒 ― 小さじ2
- しょうゆ ― 小さじ1
- 温かいごはん ― 2合分

作り方

1. ピーマンはせん切りにする。わかめは水でもどして粗く刻み、水けをよく絞る。
2. フライパンに米油を熱してピーマンを中火で炒める。しんなりしたらわかめを加えて炒め合わせ、酒、しょうゆを加え、水けがなくなるまで炒める。
3. ボウルにごはんと2を入れて混ぜ合わせ、にぎる。

秋

春から高まった気は夏にぱっと解放され、秋から冬にかけて閉じていきます。

この時期は、次第にくるまっていく体に秋の実りをいっぱい蓄え、冬支度をはじめましょう。

栄養がたっぷり詰まったナッツや種子類、滋養豊かなきのこや根菜は、じんわり火を通していただきます。

潤い補給に欠かせないみずみずしい果物も取り入れましょう。

れんこんと豆腐の蒸し団子

秋の体調を整える代表的な食材・れんこん。
すりおろして、豆腐と合わせ、ボリュームを出しました。
蒸すことでふわふわな食感に。
ごま油で、香りとコクをプラスしています。

材料（7個分）

れんこん — 120g
木綿豆腐 — 120g
春菊 — 20g
長ねぎ — 5cm（15g）
しょうが — 5g
塩 — 小さじ1/2
白いりごま — 小さじ2
ごま油 — 適量
しょうゆ、すだち（好みで）
　— 各適量

作り方

1　豆腐はペーパータオルで包んで重しをし、30分ほどおいて、しっかりと水きりをする。

2　れんこんは皮ごとすりおろす。春菊は飾り用に葉を少し残して、残りは粗みじん切りにする。長ねぎ、しょうがはみじん切りにする。

3　ボウルに1の豆腐を手でくずしながら入れ、2と塩、白ごまを加えて混ぜ合わせる。

4　オーブンシートを敷いた蒸し器に、3を7等分してスプーンなどですくって入れ、丸く成形する。春菊の葉をのせ、ごま油を全体にまわしかけ、蒸気の上がったせいろか蒸し器で10分蒸す。

5　器に盛り、しょうゆやすだちを添える。

形を整えるのに、小さなへらがあると便利。

ごま油の香りをまとわせつつ、つややかに仕上げます。

くずれやすいので、取り出すときはフライ返しを使って、静かにゆっくりと。

長いもとひじきの落とし焼き

長いもは粘膜を強くしてくれる、秋におすすめの食材。
ひじきと大豆を合わせた、栄養たっぷりの一品です。
シンプルなレシピですが、しみじみとおいしい。
ナッツを加えるのもおすすめです。

材料（10個分）

長いも ― 150g
ひじき（乾燥）― 小さじ1
黒大豆（ゆでたもの）― 30g
塩 ― 小さじ1/3
しょうゆ ― 小さじ1/3
米粉 ― 大さじ1
米油または太白ごま油 ― 大さじ2

作り方

1. 長いもはひげを取って皮ごとすり鉢に入れ、すりこぎで粗くつぶす。ひじきは水でもどして水けをきる。
2. 1のすり鉢に油以外の残りの材料を入れて混ぜ合わせる。
3. フライパンに油を熱し、2を大さじ1程度ずつ入れて、両面をこんがりと焼く。

長いものひげはガス火で焼き切るときれいに処理できます。

長いもは少し食感が残る程度につぶすのがポイント。

すり鉢に材料を入れてざっと混ぜれば、あっという間に生地が完成。

なすときのこのバジルみそ炒め

白みそと甘酒でまろやかな味わいになります。
バジルは最後に加え、香りを生かして。

材料（2〜3人分）

なす — 小2本（200g）
舞茸 — 1パック（100g）
しめじ — 1パック（100g）
塩 — 適量
A ┃ 白みそ、麦みそ、甘酒 — 各小さじ2
　 ┃ 水 — 大さじ2
米油または太白ごま油 — 大さじ3
酒 — 大さじ2
カシューナッツ（ロースト） — 30g
バジル — 10枚

作り方

1　なすは乱切り、舞茸としめじは食べやすい大きさにほぐし、軽く塩をふる。

2　ボウルにAを入れて混ぜ合わせる。

3　フライパンに油大さじ2を熱し、中火でなすを焼き、皿に取り出す。

4　3のフライパンに油大さじ1を足して、きのこを中火で炒め、油がなじんだら軽く塩をふってなすを戻す。酒をまわし入れ、フツフツとしてきたら2とカシューナッツ、ちぎったバジルを加えて混ぜ合わせる。

里いもとごぼうのオーブン焼き 和風バルサミコソース

オーブンで焼くだけなのに、驚くほどのおいしさ。
バルサミコ酢の酸味が根菜のうまみを引き立てます。

材料（2〜3人分）

里いも — 7〜8個（400g）
ごぼう — 1/2本（80g）
オリーブオイル、塩 — 各少々
ヘーゼルナッツ — 20g
A ［バルサミコ酢、しょうゆ、メープルシロップ — 各大さじ1］

作り方

1　里いもはよく洗って、皮つきのまま半分に切る。ごぼうもよく洗って、斜め薄切りにする。

2　2つのボウルに里いもとごぼうをそれぞれ入れ、オリーブオイルと塩をからめ、耐熱皿か天板に並べる。180度のオーブンで20分焼き、ヘーゼルナッツを加えてさらに10分、里いもに竹串がすっと通るくらいまで焼く。

3　小鍋にAを入れて中火にかけ、とろみが出るまで煮詰める。

4　2を器に盛り、3をかける。

69

いろいろきのこの豆乳ポタージュ

ヴィーガン料理には欠かせない食材、きのこ。
うまみをぐぐっと閉じ込めた、極上の秋のスープです。
カリッと焼いたバゲットを浸して、
素材の味を存分に味わって。

材料（2〜3人分）

好みのきのこ（マッシュルーム、エリンギ、しめじなど）— 合わせて200g
玉ねぎ — 1/2個（100g）
オリーブオイル — 大さじ1
豆乳 — 1と1/4カップ
塩 — 小さじ1/3
粗びき黒こしょう、オリーブオイル（仕上げ用）
　— 各少々
バゲット（好みで）— 適量

作り方

1　マッシュルームは薄切り、エリンギは長さを半分に切って薄切りにし、しめじはほぐす。玉ねぎは薄切りにする。

2　鍋にオリーブオイルを入れて中火にかけ、玉ねぎを炒める。透き通ってきたらきのこを加え、しんなりするまで炒める。水1/2カップを注いで約10分煮る。

3　火を止めて、鍋の中でハンドブレンダーで攪拌し、豆乳を加えて混ぜ、塩で味を調える。

4　軽く温めて器に盛り、黒こしょうをふり、オリーブオイルをたらす。トーストしたバゲットを添える。

玉ねぎときのこはしっかり炒めるのがポイント。素材のうまみが引き出されます。

栗とにんじんのグリル

さつまいものハーブパン粉焼き

秋の恵みをシンプルに味わう、2つのレシピです。
コクのある甘酸っぱいソースをまとった、栗の自然な甘み。
香ばしいサクサクパン粉がかかった、ねっとりとしたさつまいもの食感。
どちらもワインによく合います。

栗とにんじんのグリル

材料（2〜3人分）

栗 — 12〜15個
にんじん — 大1本（250g）
オリーブオイル — 大さじ1
ローズマリー — 1枝
ブルーベリー — 60g
A ┌ 赤ワインビネガー、
　│ メープルシロップ
　│ — 各大さじ1と1/2
　└ しょうゆ — 小さじ1

作り方

1　栗は鬼皮と渋皮をむく。にんじんは皮ごと食べやすい大きさの乱切りにする。

2　鍋かフライパンにオリーブオイルを入れて熱し、中火でにんじんと栗を焼く。全体に軽く焦げ目がついたら、ローズマリーと水大さじ3を加え、ふたをして弱火で15分ほど蒸し焼きにする。

3　にんじんと栗に火が通ったら、ブルーベリーとAを入れて混ぜ、1分ほど鍋をゆすりながら加熱する。

蒸し焼きにするときは、途中で鍋の中を見て、水分がなかったら水を少量足して加熱します。

さつまいものハーブパン粉焼き

材料（2〜3人分）

さつまいも — 1本（250g）
A ┌ パン粉 — 大さじ5
　│ ローズマリー — 1枝
　│ タイム — 2〜3枝
　│ 塩 — 小さじ1/4
　│ オリーブオイル — 小さじ2
　└ アーモンドスライス — 6g

作り方

1　さつまいもは皮ごとペーパータオルで全体を包んで水でぬらし、アルミホイルで包む。

2　1を160度のオーブンで、竹串がすっと通るまで30〜40分焼く。

3　ボウルにAのハーブをちぎって入れ、残りの材料も加えて混ぜ合わせる。

4　さつまいもをオーブンから取り出し、中央に縦に切り込みを入れて開き、3をのせる。再び180度のオーブンで、こんがりと焼き色がつくまで焼く。

ぬれたペーパータオルがさつまいもを保湿。蒸し焼き状態になってしっとり仕上がります。

ぶどうとルッコラのハーブサラダ

ぶどうをそのまま食べるよりおいしい！
マスカットを使うと、ごちそう感がアップします。

材料（2〜3人分）

ぶどう（皮も食べられるもの2色）
　— 合わせて15粒
ルッコラ、イタリアンパセリ
　— 各適量
グリーンオリーブ — 5個
A ┌ 白ワインビネガー、レモン汁
　│　　— 各大さじ1/2
　│ 塩 — 小さじ1/4
　└ オリーブオイル — 大さじ1

作り方

1　ぶどうは半分に切る。ルッコラとイタリアンパセリは食べやすい大きさにちぎる。オリーブは粗みじん切りにする。

2　ボウルにAを入れて混ぜ合わせる。別のボウルにぶどうとオリーブを入れて、Aを少量取ってからめる。そこにルッコラとイタリアンパセリも加え、Aの残りを入れて全体を混ぜ合わせる。

いちじくとベビーリーフのサラダ

具材だけでなく、ドレッシングにもいちじくが入った
いちじくずくめのサラダです。

材料（2〜3人分）

いちじく — 2個（160g）
ベビーリーフ — 適量
舞茸 — 1パック（100g）
くるみ — 20g
塩、好みのビネガーか
　レモン汁、オリーブオイル
　　— 各適量

いちじくのドレッシング
　（作りやすい分量）
　いちじく（皮ごと）— 100g
　りんご酢 — 小さじ2
　メープルシロップ、レモン汁
　　— 各小さじ1
　オリーブオイル — 大さじ1
　塩 — 小さじ1/8

作り方

1. 舞茸は食べやすい大きさにほぐし、オリーブオイル少々を熱したフライパンで、塩少々をふって焼く。くるみはフライパンでいる。

2. いちじくは皮ごと縦6〜8等分に切る。

3. 容器にドレッシングの材料をすべて入れ、ハンドブレンダーで攪拌する。

4. ボウルにベビーリーフを入れて塩、ビネガー、オリーブオイルを適量加えてからめる。さらに1の舞茸を加えて混ぜる。

5. 4を器に盛り、いちじくをのせてくるみを散らし、3をかける。

ヴィーガン料理の代表食材・きのことナッツのおいしさが詰まったレシピ。
ソースにも、具材にも、たっぷりのマッシュルームを使います。
合わせるナッツはまろやかな味わいのカシューナッツ。
レモンの皮のかすかな苦みが、濃厚なソースを引き締めます。

マッシュルームとカシューナッククリームのパスタ

材料（2〜3人分）

マッシュルーム — 100g
カシューナッツ — 30g
玉ねぎ — 1/4個（50g）
オリーブオイル — 大さじ1/2
白ワイン — 大さじ1
米粉 — 大さじ1
豆乳 — 250ml
塩 — 小さじ3/4〜1
ショートパスタ（ペンネ）— 200g
レモンの皮（せん切り）— 適量

作り方

1 マッシュルームは薄切り、玉ねぎは粗みじん切りにする。

2 鍋にオリーブオイルを熱し、中火で玉ねぎを炒め、玉ねぎの甘い香りがしてきたらマッシュルームを加え、しんなりするまで炒めて1/3量を皿に取り出す。

3 2の鍋にカシューナッツを加えて軽く炒め合わせ、白ワインを入れる。フツフツしてきたら火を止め、米粉を加えてなじませる。豆乳を少しずつ加えて混ぜ合わせたら、再び火にかけ、混ぜながら加熱する。

4 とろみが出てきたらさらに2〜3分加熱する。火を止めて、鍋の中でハンドブレンダーで攪拌し、クリーム状にする。塩で味を調える。

5 ショートパスタを表示時間どおりにゆで、4の鍋に入れてからめる。

6 器に盛り、取り出した2をのせ、レモンの皮を散らす。

カシューナッツは軽く炒めることで、ナッツの香ばしさが立ち、ソースの味に奥行きをプラスしてくれます。

白ワインはなくても大丈夫ですが、加えると味わいにコクが出ます。飲み残しのものでもOK。

栗と舞茸の中華風おこわ

エスニックな五香粉の香りが食欲をそそります。
干ししいたけのもどし汁がおいしさのポイント。

材料（作りやすい分量）

- 米 — 1合
- もち米 — 1合
- 栗 — 10個
- 舞茸 — 1パック（100g）
- A
  - 干ししいたけのもどし汁 — 大さじ1
  - 紹興酒または酒 — 大さじ1/2
  - みりん — 小さじ1
  - 薄口しょうゆ — 小さじ1
  - ごま油 — 小さじ1
  - 塩 — 小さじ1/2
  - 五香粉(ウーシャンフェン) — 小さじ1/4

作り方

1. 米ともち米は洗って鍋に入れ、水2カップを加えて30分おく。
2. 栗は鬼皮と渋皮をむき、半分に切る。舞茸は食べやすい大きさにほぐす。
3. 1にAを加えて混ぜ、2をのせ、ふたをして強火にかける。沸騰したら弱火で12分炊く。
4. 炊き上がったら、全体をざっくり混ぜて5分蒸らす。

冬

陰に傾きがちな冬は、体を温める陽性の根菜や、煮込みやオーブン料理など火のパワーがもらえる調理法で体を中庸に保ちます。
また、空気が乾燥するこの季節は、潤いを与えてくれる白い野菜を積極的に。
ねぎやみそなど体を温める食材と一緒にとると風邪知らずで過ごせます。

白菜と油揚げのゆずみそ重ね蒸し

旬の白菜を蒸すことで甘さを引き出し、
かさも減って、たっぷり食べられます。
体を温めるみそと香りのよいゆずを添え、
湯気までおいしい一品です。

重ねることで油揚げのうまみが白菜に染みます。にんじんのせん切りやきのこを挟むのもおすすめ。

材料（2人分）

白菜 — 250g
油揚げ — 2枚
ゆずの皮 — 1/2個分
みそ（好みのもの）— 大さじ2
ゆず、白すりごま、ごま油（好みで）— 各適量

作り方

1 白菜は4～5cm四方に切る。油揚げは縁に沿って切り込みを入れ、2枚に割いて、1cm幅に切る。ゆずの皮はせん切りにする。

2 耐熱容器に白菜を敷き詰め、みそを塗り、油揚げを重ねる。これを2～3回くり返す。最後に白菜をのせ、ゆずの皮を散らす。

3 2を蒸気の上がったせいろか蒸し器で10分蒸す。

4 蒸し器から取り出し、ゆず果汁、ゆずの皮、白すりごま、ごま油をかけて食べる。
＊粉山椒、ゆずこしょう、ねぎ油などをかけてもおいしい。

重ねる回数は容器に合わせて調節を。蒸すとくたっとなるので、高く重ねても大丈夫。

長ねぎのとろとろ焼きとミガス

「ミガス」はパンくずを意味するメキシコ料理。
タイムやローズマリーなどのミックスハーブ、
「エルブ・ド・プロヴァンス」をきかせ、
とろとろの食感になるまで蒸し焼きにしたねぎにかけました。
新しい味わいの冬のごちそうです。

> 材料（2〜3人分）

長ねぎ — 3本（300g）
塩、オリーブオイル — 各適量
白ワイン — 大さじ4
ミガス
　バゲット — 約7cm分（30g）
　オリーブオイル — 小さじ1
　エルブ・ド・プロヴァンス
　　— 小さじ1/2
　塩 — 適量
パセリ（みじん切り） — 適量

> 作り方

1　長ねぎは20cm長さに切り、縦半分に切る。鍋かフライパンに並べ、全体に塩とオリーブオイルをかける。

2　1を中火にかけ、ジュワジュワと音がしてきたらふたをして1〜2分加熱し、裏返す。白ワインを入れて再びふたをして1〜2分蒸し焼きにする。

3　ミガスを作る。バゲットは手で1cm角にちぎり、2と別のフライパンに入れ、中火で転がしながら炒める。カリッとしてきたらオリーブオイル、エルブ・ド・プロヴァンス、塩を入れ、全体にからめる。

4　2を器に盛り、3をのせ、パセリをふる。

長ねぎは長く切るのがポイント。より、とろとろ感が楽しめます。

フライパンに入りきらなければ、2回に分けて焼きます。

春菊のフラムクーヘン

フラムクーヘンはドイツ風の薄いピザ。
豆乳ベシャメルソースがチーズ代わり。
いろいろのせるより、野菜は1種類のほうが
素材の味が際立ちます。
生地は少しこねることで、パリッと仕上がりおいしい。

ねぎのフラムクーヘン

春菊のフラムクーヘン

材料（直径23cmのもの1枚分）

フラムクーヘンの生地（下記参照）
　— 1枚分
春菊 — 50g
豆乳ベシャメルソース（P.28参照）
　— 120g
塩、こしょう — 各適量
オリーブオイル — 大さじ1

作り方

1　オーブンシートの上にフラムクーヘンの生地を置き、小麦粉をふるかラップをのせて、めん棒で2〜3mm厚さ、直径23cmの丸形にのばす。

2　春菊は食べやすい長さのざく切りにし、ボウルに入れてオリーブオイルと塩少々をからめる。

3　生地の縁を少し残して豆乳ベシャメルソースを塗り、軽く塩、こしょうをふる。230度のオーブンで5分焼き、2をのせて再び230度で5分焼く。

ねぎのフラムクーヘン

材料（23cm四方のもの1枚分）

フラムクーヘンの生地（下記参照）
　— 1枚分
長ねぎ — 1本（100g）
オリーブオイル — 大さじ1
塩、こしょう — 各適量
豆乳ベシャメルソース（P.28参照）
　— 120g
くるみ — 20g

作り方

1　オーブンシートの上にフラムクーヘンの生地を置き、小麦粉をふるかラップをのせて、めん棒で2〜3mm厚さ、一辺23cmの正方形にのばす。

2　長ねぎは3〜4cm長さの斜め薄切りにし、ボウルに入れてオリーブオイルと塩少々をからめる。

3　豆乳ベシャメルソースに細かく刻んだくるみを入れて混ぜ合わせ、生地の縁を少し残して塗り、軽く塩、こしょうをふる。2をのせて、230度のオーブンで8〜10分焼く。

フラムクーヘンの生地

材料（2枚分）

薄力粉または中力粉 — 250g
塩 — 小さじ1/4
オリーブオイル — 大さじ2

作り方

1　ボウルにすべての材料と水120mlを入れて混ぜ合わせ、ひとまとまりになったら生地がなめらかになるまで約5分こねる。

2　ラップをかけて20〜30分休ませる。

カリフラワーと
マッシュルーム、ディルの豆乳スープ

やわらかいカリフラワーがやさしい口当たりの
体が温まるスープです。
煮込むときに加えるたっぷりのディルから
さわやかなうまみが溶け出します。

材料（2〜3人分）

カリフラワー — 150g
マッシュルーム — 50g
ディル — 2枝
玉ねぎ — 1/4個（50g）
にんにく — 1かけ
オリーブオイル — 小さじ2
白ワイン — 大さじ1
豆乳 — 1/2カップ
塩 — 小さじ1/2
こしょう — 適量
クイックヴィーガンブレッド
　（P.94参照・好みで）— 適量

作り方

1　カリフラワーは小房に分け、マッシュルームは5mm厚さの薄切りにする。玉ねぎは粗みじん切り、にんにくは薄切りにする。

2　鍋にオリーブオイル、にんにくを入れて弱火で熱し、香りが立ったら、玉ねぎを入れて中火で透き通るまで炒める。マッシュルームを加えてなじませ、カリフラワーを加え、全体を混ぜ合わせる。

3　2に白ワインを加え、さらに水1と1/4カップとディルを加える。沸騰したら弱火にし、カリフラワーがやわらかくなるまで煮る。

4　豆乳を加え、塩、こしょうで味を調える。

5　器に盛り、クイックヴィーガンブレッドを添える。

煮込むときは、水だけでなくほんの少し白ワインを加えると、コクがぐんとアップします。

ディルは枝ごと入れるほうが香りがしっかり。豆乳を入れた後にハンドブレンダーで撹拌してポタージュにしてもおいしくいただけます。

大根といちごのマリネ

ミニトマトが大根といちごをつなぐ役割をします。
赤ワインビネガーのほんのり赤色もかわいいマリネ。

材料（2〜3人分）

- 大根 — 200g
- いちご — 7〜8個
- ミニトマト — 5個
- A
  - オリーブオイル — 大さじ1
  - 赤ワインビネガー、レモン汁 — 各大さじ1/2
  - メープルシロップ — 小さじ2
  - 塩 — 小さじ1/4

作り方

1 大根は皮ごと薄い半月切りにし、塩少々（分量外）をふってもみ、しばらくおいて水けを絞る。

2 ボウルにAを入れて混ぜ合わせ、1を漬け込む。

3 いちごとミニトマトは半分に切る。

4 2がなじんだら、3を加えて混ぜ合わせる。

ビーツとスパイシーひよこ豆のサラダ

焼いたビーツはくせになるおいしさ。
スパイスをきかせたひよこ豆がアクセントに。

材料（2〜3人分）

ビーツ — 1個（150g）
ひよこ豆（ゆでたもの）— 100g
A ［ 塩、クミンパウダー、チリパウダー、コリアンダーパウダー — 各小さじ1/4
　　オリーブオイル — 小さじ2 ］
サラダほうれんそう（またはベビーリーフ）— 適量
塩、オリーブオイル、レモン汁 — 各適量

作り方

1　ビーツは2cm幅のくし形切りにし、オリーブオイル適量を全体にからめて天板にのせ、塩適量とクミンパウダー適量（分量外）を全体にふる。

2　ボウルにAとひよこ豆を入れて混ぜ合わせ、1の天板に一緒にのせ、180度のオーブンでビーツに火が通るまで約20分焼く。

3　ボウルにサラダほうれんそうを入れ、塩、オリーブオイル、レモン汁各適量を全体にまわしかけて混ぜ合わせる。

4　器に3を盛り、2をのせる。

スパイスとオリーブオイルをからめて風味豊かに焼き上げます。

かぶと黒ごまのリゾット

小松菜とケール、りんごのサラダ

冬におすすめの黒い食材・黒ごまペーストを使った
こってりとした味わいのリゾットです。
青菜とりんごの歯応えがほどよい、
さっぱりとしたサラダを合わせました。

かぶと黒ごまのリゾット

材料（2人分）

- かぶ — 1個（80g）
- かぶの葉 — 適量
- 黒ごまペースト — 小さじ2
- 玉ねぎ — 40g
- 米 — 1/2合
- オリーブオイル — 小さじ2
- 白ワイン（あれば）— 大さじ2
- 塩 — 小さじ1/4

作り方

1 かぶは皮ごと縦8等分、かぶの葉は4〜5cm長さに切る。玉ねぎは粗みじん切りにする。

2 鍋にオリーブオイルを熱し、中火で玉ねぎを炒め、透き通ってきたら米を加えて炒める。米が透き通ってきたら、白ワイン、水1カップ、かぶを入れてふたをし、約15分、米が少しかたいくらいに煮る。途中で何度かふたを開けて水分を確認し、焦げつきそうなら水を少しずつ足す。

3 2に黒ごまペーストと塩を入れて混ぜ、かぶの葉を入れてひと混ぜして火を止める。

小松菜とケール、りんごのサラダ

材料（2〜3人分）

- 小松菜 — 1〜2株（50g）
- ケール — 1〜2枚（50g）
- りんご — 1/4個
- A ┌ ディジョンマスタード — 小さじ1/4
    │ 白ワインビネガー — 小さじ2
    │ オリーブオイル — 大さじ1
    └ メープルシロップ — 小さじ1

作り方

1 小松菜は3〜4cm長さに切る。ケールは太い軸は取り、大きめにちぎる。小松菜とケールをざるに広げ、全体に熱湯をかけ、粗熱が取れたらペーパータオルで水けを取る。

2 りんごは皮ごと一口大の薄切りにする。

3 ボウルにAを入れて混ぜ合わせ、1と2を加えてあえる。

生で食べるには少しかたいケールや小松菜はお湯をかけて少し火が通った状態に。

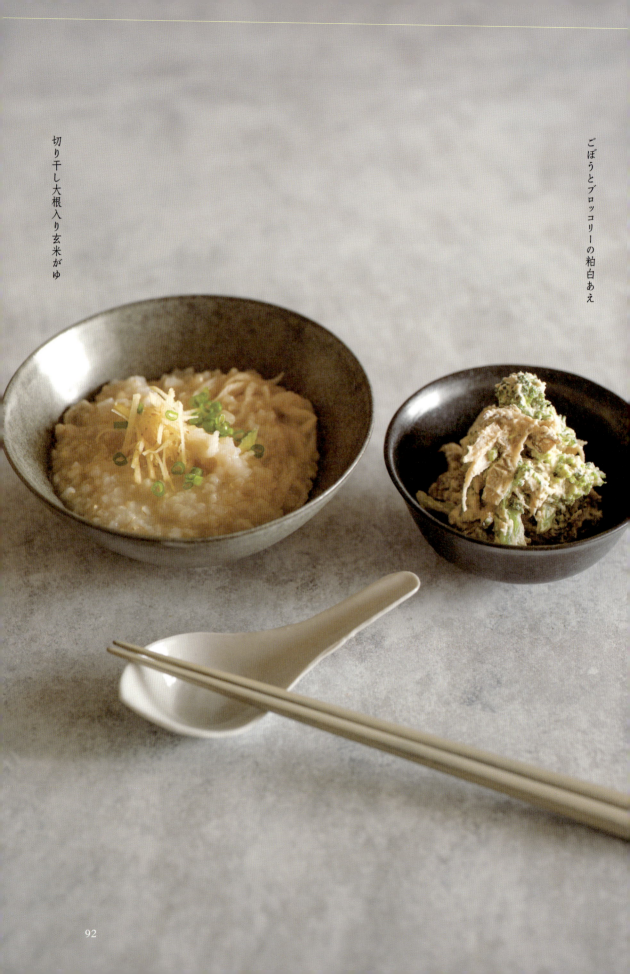

切り干し大根入り玄米がゆ

ごぼうとブロッコリーの粕白あえ

切り干し大根からだしと甘みが溶け出し、
おかゆに染み込みます。
体を温める酒粕を使った白あえで
タンパク質も補給できる2品献立です。

切り干し大根入り玄米がゆ

材料（4人分）

玄米 — 1/2カップ
切り干し大根 — 10g
しょうが（せん切り）— 適量
細ねぎ（小口切り）— 適量

作り方

1 玄米は洗って鍋に入れ、水2と1/2
カップを加えて1時間おく。

2 切り干し大根は軽く洗い、水けを絞
り、長ければ食べやすい長さに切る。

3 1をふたをして中火にかけ、沸騰
したら弱火で30分炊く。2を加え、
さらに20〜30分炊く。

4 器に盛り、しょうがをのせ、細ねぎ
を散らす。
＊好みで松の実をのせたり、ごま油をかけても
おいしい。

ごぼうとブロッコリーの粕白あえ

材料（2〜3人分）

ごぼう — 1/2本（80g）
ブロッコリー — 約1/3個（70g）
A ┌ 木綿豆腐 — 100g
　│ 板酒粕 — 30g
　│ 白みそ — 大さじ1と1/2
　└ しょうゆ、塩 — 各少々

作り方

1 Aの豆腐はペーパータオルで包んで
重しをし、30分ほどおいて、しっ
かりと水きりをする。

2 ごぼうはよく洗って厚めのささがき
にして10〜15分蒸す。ブロッコリ
ーは小房に分けて5分蒸す。

3 すり鉢にAを入れ、なめらかになる
まですり、2を加えてあえる。

column 2

発酵なしで作れる クイックヴィーガンブレッド

イースト菌の代わりにベーキングパウダーを使うことで
発酵させずに焼くソーダブレッドは、アイルランドの伝統食。
バターミルクの代わりに豆乳ヨーグルトを使った
ヴィーガンスタイルのレシピをご紹介します。
スープやサラダに添えたり、フムスともよく合います。

材料（約20cmのもの1個分）

A ┃ 薄力粉 — 200g
  ┃ 全粒薄力粉 — 50g
  ┃ てんさい糖 — 40g
  ┃ ベーキングパウダー
  ┃   — 大さじ1
  ┗ 塩 — ひとつまみ

豆乳ヨーグルト — 1カップ
レーズン
（湯につけてやわらかくする）
　— 60g
くるみ、ピスタチオ（粗く刻む）
　— 合わせて60g

作り方

1　ボウルにAを入れてゴムべらで均一に混ぜ合わせる。

2　1に豆乳ヨーグルトを加えて混ぜる。

3　半分くらいまとまったら、レーズン、くるみ、ピスタチオを加える。

4　ボウルの中でひとまとめにする。まとまりづらいときは、豆乳ヨーグルト（分量外）を足す。

5　オーブンシートを敷いた天板に4をのせ、薄力粉（分量外）をふり、なまこ形に整える。表面にレーズンが出ていると焦げやすいので、生地の中へ押し込む。

6　180度のオーブンで35〜40分焼く。

＊レーズン、くるみ、ピスタチオは、好みのドライフルーツやナッツで代用してもOK。

今井ようこ

ヴィーガン菓子・料理研究家。製菓学校を卒業した後、(株)サザビーリーグに入社、アフタヌーンティー・ティールームの商品企画・開発を担当。その後、独立。現在は商品開発やメニュー開発、パンやケーキの受注を行うほか、マクロビオティックをベースにした料理教室「roof」を主宰。体になるべく負担のない料理やお菓子を、柔軟に提案している。著書に『至福の米粉スイーツ』『1日1杯。体がととのう野菜のスープ』(ともに家の光協会)など。

野菜がおいしい　作りやすい
ヴィーガンごはん

2024年9月20日　第1刷発行

ブックデザイン	三上祥子 (Vaa)
撮影	宮濱祐美子
スタイリング	岩﨑牧子
取材・文	時岡千尋 (cocon)
編集	小島朋子
校正	安久都淳子
DTP制作	天龍社
撮影協力	UTUWA

著　者　今井ようこ
発行者　木下春雄
発行所　一般社団法人 家の光協会
　〒162-8448　東京都新宿区市谷船河原町11
　電話　03-3266-9029(販売)
　　　　03-3266-9028(編集)
　振替　00150-1-4724
印刷・製本　株式会社東京印書館

乱丁・落丁本はお取り替えいたします。
定価はカバーに表示してあります。
本書のコピー、スキャン、デジタル化等の無断複製は、著作権法上での例外を除き、禁じられています。
本書の内容を無断で商品化・販売等を行うことを禁じます。

©Yoko Imai 2024 Printed in Japan
ISBN 978-4-259-56815-3 C0077